文芸社セレクション

真如の道

平岡 玖明

HIRAOKA Kyumei

JN106894

文芸社

目次

序

今般、非常に感ずることがあり、一書を著さんと思い立ち、感涙、奮起。小生の人生観、宗教観、仏教観を披瀝、多少なりとも社会の更生に役だてば幸甚に思われ、筆を執った次第、願わくば御一読の諸賢におかれては、社会観の御参考になれば幸いに存じます。なお愚見に御意見、御異議あれば謹んで拝聴いたします。

真如

真如の真とは、まこと真実、正しいあり方、偽りのない心で、ひとすじの道を歩んでいくこと。如とはそのありのままの姿を、永遠に持続し保ち続けることである。人は何のために生きているのか、何のために苦労してまで生きねばならないのか。幸せを得るには如何《いか》にすべきか、暗中模索しながら、悪戦苦闘しているのが現状ではないだろうか。勿論千差万別、人様々であるが、その人なりにもがき苦しんでいるのではないか。はたしてそれが、人間社会の実体であるのであれば、それを打破し、夢の実現に向かって、邁進《まいしん》する道を見い出すことこそが必要ではないか。本書はそれが主題になる。人それぞれの道があり、その道を発見し、その道を一心不乱に歩むこと、それが人生ならば、夢の実現に如何ばかりかの助けになれば幸いに存じます。社会は普遍的であり、持続性がある故に、公共性を重んじなければならない。人間社会が安寧であるためには、我々はもっと熟慮《じゅくりょ》し道の発見のために、努力しなければなるまい。

宗教

何故、社会に宗教が誕生したのか。その歴史性に注目すべきなのではないだろうか。古代社会は天候に一喜一憂する世界であったろう。気候が安定すれば、自然に感謝するようになったであろうし、原始社会においては、部族社会を統御し、リーダーシップの必然性が高まり、神が誕生し、国を統べる手段として、尊重されてきたものと思われるが、現代社会においては、だいぶ様変わりしたようで、その役割も非常に違ってきているようだ。国家が成立すれば、統制上なおさら、神の存在が必要不可欠になっていったと思われる。今もって神は各地に現存しているが、自然崇拝により誕生した、敬虔《けいけん》な心象を鑑み、宗教に対する見解を、新たにすることも大事ではないか。神や仏にすがって生きる、それ故封建社会では、強い者を奉《たてまつ》る、風習があったと思われる。勿論すがることは否定しないが、大事なことは、それを土台として、己《おのれ》を磨き上げ、力をつけることに専念すべきだ。現在求められるべき宗教とは、如何《いか》なるものなのか。無論社会の安定を伴う協調性が必要なのであろう。しかしながらそれはあくまで宗教における、消極的な一面に過ぎず、もっと積極的な面に目を向け、取り組むべきではないか。本来人間社会における文化、文明の発展は、宗教に依存してきた面が、非常に大きいと思われる。紆余曲折《うよきょくせつ》、時代の変遷により、浮き沈みはあったものの、社会に貢献してきた、その功績をもっと瞠目《どうもく》すべきだ。宗教が社会を支える役割を担《にな》うためには、何が必要なのか。まず重要なのは正しき模範となること。無論人間である以上間違いも生じるが、正しい生き方を示すことである。昨今、医学の飛躍的な進歩により、平均寿命が大幅に伸び、百歳も夢でなくなる時代が招来したが、いずれにしても長く生きるということは、失敗挫折を数多く、繰り返すことにつながるのだが、それを乗り越え打ち勝ち、克服してこそ値打ちがあり、その姿を周囲に晒《さら》し、示すことにより、社会の一員としての、自覚と誇りを育てるべきで、そこに宗教としての道があるのではないか。

信心

それでは宗教とは何なのであろうか。宗教とは何を信じるのか、何が生きがいであるのかを、問うものではないのか。現在地球上には多数の教団が存在しているが、今ここで問うべきなのは、何を信じているのかではなく、それによりどういう生き方をしているのかを、問題にすべきなのではないだろうか。信じるとは何を信じるのか、哲学なのか、道徳なのか、真理とは万人がうなずけるものでなければならない。それにより多くの人が実践し、会得することにより、長い年月をかけて、不動の地位を築くことが、出来るようになるからである。そこで一つその真理が正しいか否か、如何に評価すべきなのか。正しい真理とは如何なるものなのか、どう判断するのか、数多くの人の賛同を得られるのが正しいのか。それも無論あるが、その個人の生き方を大多数の人が、敬い協調し、共鳴してこそ価値があるのであり、望むらくは、人種、宗教、国境を超えて、その人が説くものは正しいと、認識されることではないだろうか。

因《よ》ってよしんば正しいものに因っていても、正しい生き方をしなければ、その真理を冒流《ぼうとく》することに他ならないので、十分に注意する必要がある。正しいとは個が満足し、益すればよいのか、客観的にみれば必ずしもそうではあるまいが、やはり個人の利益がなければ、正しいとは考えにくいのかも知れない。個人の利益になるとは、直接、間接に関わらず、物質的に恵まれるか、精神的な豊かさを得られるか、二通《ふた》りであろう。特に宗教においては、精神的な傾向が、著《いちじる》しいものと思われる。精神的に満足するとは、信じることにより安心感が得られ、落ち着いた人生を営《いとな》むことが出来、より幸福に近ずけることになるからであろう。因って信じるということは、精神的な面においては、極めて重要且つ大事なことなのではないだろうか。何を信じて生きるのかということは、人にとっては大切なことなのである。信じるものに因っては、人生を左右することにつながるからだ。その見極めが肝心なのだ。因って運よく、信じるに足るものを見つけられたなら、それこそ宝を得《え》たに等しく、人生にとって望外《ぼうがい》な幸せを得られることは必定《ひつじょう》であろう。一度信じられるものに出会えたなら、脇目もふらずに邁進すべきだ。しかしながら妄信、迷信の類《たぐ》いには十二分に注意し、断固排除しなければならない。そして常に物事の正邪、真贋《しんがん》の判断を怠《おこた》ることのなきように、願いたいものである。

布教

宗教にとって、布教は大切な行事なのだが、自分の信じている真理を、他人に信じさせることに他ならない。その輪を広げていくことにより、自身をより幸福に近づけていく行為なのだ。それはあくまでも宗教における一つの側面なのだが、世の中円満に生きてゆくためには、守らねばならないこともある。それはそのさい、強制、無理強いは絶対にさけなければならず、そこで相手に理解させるためには、工夫が必要になり、そこに己《おのれ》を高めていく要素があるからである。何も言葉だけとは限らない、日頃の言動、立ち居振る舞い、生活態度を改めることから、始めるべきなのだ。それでこそ相手の共感が得られ、目的を達成することも容易になるのではないか。修行が重視されるのもそのためで、自己を研鑽するのには格好であり、人生を形成していく上において、欠くべからざるものになるのではないか。そこに意義を見い出すことにより、向上心を刺激し発展させていくことが出来よう。そのためには深く信じることと、物事を見極めることに努力していけば、一層上の段階に導くことが可能になるであろう。本当に信じられるものが、世の中、如何ほどあるのか、それを見抜く眼力を養うことも重要になる。

読経

これは最もポピュラーな修行法の一つであり、大概初心者が最初に直面する修行であろう。これはまず先達《せんだつ》の指示に従うことだが、この時に瞑想《めいそう》の知識を取り入れ、立ち会うことが望ましいと思われる。そして一心不乱に読経に励むわけだが、そこから先は各教団により異なる面もあると思われるので、十分に力を入れてのぞむべきであろう。

瞑想

物の真贋を知ること、それには常に心を仏教でいうところの、空の状態に保たれているのが望ましい。心を鏡のように磨き上げ、森羅万象《しんらばんしょう》を見届けること、常に冷静であること、集中力を高め物事を判断すること、以上の点を留意すれば、そうそう間違うこともないであろう。瞑想とは禅が代表しているものであり、修行法としてはポピュラーで、昔から悟りを得る手段として尊ばれており、精神的な飛躍《ひやく》を望むものにとり、尊重されているものである。本当に信じられるものならば、人生歩んでいく上に最上の指針となるのであるから、よく消化、吸収し自らの血と肉にすべきなのだ。自信逆に言うと最上のものを得たという、自信と共に畏れと謙虚さが必要であろう。自信だけでは傲岸不遜《ごうがんふそん》になりがちだから、謙譲心も又欠くべからざることになる。次にこれを如何にして理解させるかが問題になる。そこに創意工夫、千変万化、臨機応変な対応が必要になってくる。そこまでいけば当然修行としての価値が高まり、喜び勇んで取り組む姿勢が顕《あらわ》れ、万事より良き方向に進むのではないか。読経、瞑想、布教この三つが宗教が形成される上において、欠くべからざるものであり、我々仏子の根幹をなすと言ってよいであろう。

祈り

祈るとはどういうことか、神仏に手を合わせて利益を願う、これも祈りの一法であろう、けれどもそれだけではない。崇高な宗教的行事として、存在すべきものでなければなるまい。精神力を最も高い人格的要素と、とらえるならば、その精神力を高められる行為として、多《おお》いに称賛すべきではないか。祈る、掘り下げる、物事を掘り下げていく、そこに見えてくるものは何なのか、そこに新しい発見が生じるのである。蛇足《だそく》ながら祈りについて一言するが、行住坐臥、何時《いつ》でも如何なる時でも、祈りに専心出来る境地、環境を持続させること、それが最も望ましいのかも知れない。

精神

精神とは何であろう、精神こそ、この天地を支える力なのではないか。不撓不屈《ふとうふくつ》の精神があればこそ、人間は苦境《くきょう》を脱却《だっきゃく》し、壁を乗り越え、前進することが出来る。

それなくして有史《ゆうし》以来、人間社会は発展しえたであろうか。この精神があれば、どんな困難に直面しても、必ず打開《だかい》出来るはずである。このようにまこと精神とは偉大なものだが、一度道を間違えると厄《やっかい》なことになる。仏教ではこれを諸刃の剣として忌《い》み嫌っており、仏の道を歩みながら、仏を汚し、且つ己《おのれ》自身をも貶《おとし》めることになるのであるから、絶対にとってはならない。まさしく薬を毒とするに等しく、周囲の者を害することに他ならない。人生の道は常に二つに分かれているのではないか、悪魔の道と仏の道である。悪魔の道は一見容易で踏み入りやすく、目先の利益に惑《まど》わされ、おまけに法を犯す危険が生じるとなれば、宗教人としては淘汰《とうた》すべきである。こうしてみると修行するということは、一見華《はな》やかに見えるが、しかと厳粛《げんしゅく》に受け止め、取り組まなければならない。又宗教においては人が生きていくには、社会生活を営《いとな》まなければならず、あくまで自立した生活の上に成り立つものであるから、本末転倒にならないように、気をつけねばならない。

仏教の誕生

紀元前五百年、インドにおいて釈尊が苦節八年、難行苦行の末開かれた仏の法、我々人類に生き方の一つの大きな可能性を示されたものとして、これは仏教者のみならず、絶賛《ぜっさん》に価する出来事ではないだろうか。悟りとは如何なるものなのか、悟りとは真理を得ることであるが、真理の正しい理《ことわり》とは、何が正しくて何が誤りなのか、その判断基準は何なのか。己《おのれ》に益をもたらすことが、好嫌の基準なのか、勿論これらも重要な判定材料になるが、一番の問題は社会正義に合致することではないのか。多方悟りとは知識を得ることでもある。智慧を得ること、認識を深めること、物事を掘り下げてみること、これを反復し繰り返すと、やがて一つの境地〈天知る、地知る〉境涯に達するのではないか。悟りの一つとして、物の道理を知ることである。道理とは誰もが賛同しうるもの、合点がいくもの、納得できるものであろう。これなくして幸福になりたいなどとはおこがましいもので、一般的に道理を曲げようとすれば、無理が生《しょう》じ摩擦《まさつ》の原因となる。これを押し通《とお》そうとすれば、事故に繋《つな》がりやすくなり、人生に破綻《はたん》をきたすことになるからである。宗教が誕生した経緯を考えてみると、歴然であるが、人が生物が生きるということは、知能が高ければ高いほど、幸福を追求する頻度《ひんど》が高いようで、宗教対立、戦争などあってはならず、まことに残念至極なことである。もっと人間社会は宗教成立の原点に立ち返り、物事の判断材料にすべきなのではないか。もう一度信じるという言葉に戻ると、事を信じるとは、表面だけをみて決するのではなく、心底《しんそこ》から認定し、それに全身全霊をかけることになるのであるから、生半可《なまはんか》なものではあってはならない。そこに揺るぎない自信が必要になる。よって真実を求めていく気概と探究心を持ち続けることが重要になり、そこに生きがいを見い出すことが出来たなら最良となる。他人を信じること、裏を返せば他人に信じさせること、如何に信じさせることが出来るかに、かかってくるのではないか。他人に信じてもらうこと、これは容易なことではない、まして簡単に信じると詐欺、詐称に遭いやすい昨今である。もとより慎重になされなければならないが、このことは人間生活における、もっとも重大な儀式の一つなのかも知れない。成功すれば人にとっては、人生設計において有益なことであり、これこそ幸福に近づく一番の早道になるのではないか。故に修行するということは何事も自分のためになることなのである。無論人生を営んでいくことであるから、主客転倒《しゅかくてんとう》にならないよう、気をつけることと、これはあくまで自然体が望ましいようで、そこまで精進してこそ有意義《ゆうぃぎ》であろう。故に人を物を信じること、これは信じられるものを作り上げることに外ならず、社会における偉大な創造になるのではないか。仏教で言うところの真理を得ること、これは即ち人格を形成することに外ならないのではないか。人格とは辞書によると〈心身の健全な発達と、知性、情操、道徳性、社会性の調和のとれた円満な性格〉とあるように、人格者になることは、社会的な尊敬を受け、信頼されることになるのであるから、当然、宗教者はその自覚と誇りをもって行動すべきなだ。だからこそ仏教が誕生して二千五百年、連綿《れんめん》として続いているわけであり、これからも何百年、何千年、未来永劫栄えていくものと、深く信じてやまないものである。この世は苦に満ちていると言われるが、苦を喜びに変えるのも又、人の仕様《しよう》なのだ。釈尊が世の苦しみを知り、それを克服するために苦行に専心、ついに人を貶《おとし》めんとする悪魔を退《しりぞ》け、真理を得られたのが、仏教の始まりである。悟りを得るということは、その真理を理解し、己の身体に刻み込み、血肉とすることで、涅槃の境地に達すると、苦しみもなく安心立命の世界に、生まれ変わるとされる。それを我々凡夫《ぼんぷ》はただひたすら信じ、実行する以外、方法はないのであろう。

仏像

偶像崇拝《ぐうぞうすうはい》の象徴とされている仏像であるが、国宝級のものから、路傍《ろぼう》の石仏まで、種々《しゅじゅ》な姿をしておられるが、一様に拝する者を安楽の世界に、誘《いざな》う表情をしておられる。何故《なにゆえ》か、それも人間が到達しうる、立派な一つの境地だからではないか。それ故《ゆえ》そこに至るまでの境遇道程《きょうぐうどうてい》を想像すべきなのだ。いとも簡単に到達出来る者など皆《かい》無《む》であろう。艱難辛苦《かんなんしんく》悪戦苦闘《あくせんくとう》を想《おも》わずして、何の意味があろう。それだけで十分に拝礼する価値があるというものである。それに人間の持つ欲望、願望を鎮めんがために、あるいは抑制せんがために祈りをこめるのである。如来、菩薩、明王、天部の神と色々な姿形《すがたかたち》をしておられるが、それが魂《たましい》の意識の象徴なのだと思われる。古来仏師は魂をいかに像にこめるか、一心入魂《いっしんにゅうこん》さぞ、そこに苦心惨憺《くしんさんたん》したことであろう。それ故にこそ国の誇る美術品、芸術品としての価値と共に存在するのである。一つの利益として、例えば仏像を拝手することにより得られる平安観、それに伴う精神力の昂揚、何より今日なお廃れることのない、正月等の参賀並びに神社、仏閣への礼拝行が益々繁栄しているのが、何よりの証拠であろう。神様についても然《しか》りで、神とは現存の世に社会に大衆に、多大なる恩恵を施《ほどこ》した者、あるいは万物《ばんぶつ》に宿っているものとされている霊魂、仏教で言うところの一心不乱に修行し、一つの境地に達したものとされている行者等で、敬い、尊び、讃嘆する価値がある者のことである。

宗教心

このように人間が生きていくうえにおいて、欠かすことが出来ないものとして、宗教心があげられるのではないか。この宗教心こそ尊重しつつ、大事に育てていくべきもので、それこそ人の心に宗教心を芽生えさせ、大切に大事に育てることが、今日まで社会を守ってきた人々、先祖を始め、偉人賢人に対して、最大の供養になるのではないか。亡き人々を回向するということは、まさしくそういうことになる。亡者の生前における事績、思考、あるいは言動に対し、深く敬迎《けいぎょう》し讃嘆し、出来得れば実行すること、魂が最も歓ぶような生き様である。そこに真の回向の意義が存在するのではないか。先祖もしくは偉人を、神仏として崇《あが》める理由はそこになくてはならない。宗教心とは人間が本来以《もっ》て生まれた、赤裸々《せきらら》で真摯《しんし》な真情なのではないか。文明発祥当初は欠かせない心根《しんこん》だと思われるが、文明が発達し、文化が向上し、色々な道具機械が発明され、生活の利便性が高まるにつれ、謙虚さを忘れ便利さに溺れて、傲慢になってしまったのではないか。これは憂慮《ゆうりょ》すべき問題で、このままこういう事態が続けば、地球の温暖化を始め、大気地殻の変動等に、我々人間生活が脅《おびや》かされてしまうのではないか。いまこそ発想の転換が必要なのではないか。人は初心〈文明の発祥時〉に帰り、自然を尊び敬迎心を高めるように努力すべきだ。それが即ち宗教心を高めることになるのである。そこに我々現代人は勿論、子々孫々《ししそんそん》にかけて、幸福に繋がる所産《しょさん》があるのではないだろうか。私も一宗教家として、人類を憂えるものとして、もっと宗教心を高め育てていく事を熱望するものである。宗教心とは特定の神仏を信仰するものではない。本来人間が持ち合わせている美徳の一つではないだろうか。

回向

仏教用語に怨親平等《おんしんびょうどう》という言葉がある、怨親とは敵と味方を差別することなく、公平平等に観じ接すること、仏故者は無論のこと、現存者に対しても、絶対的な慈悲の心で接することである。平等とは一切の事物に対して、公正無私の観点で論じ判断することだが、そこで大事なことは、はたして平等観は、機会均等に裏打ちされたものであるかが問題である。人間の思考力、行動力には限界がある以上、やむを得ないことかも知れないが、その点に十二分な配慮をして欲しいもので、物事を判断するのに、出来うる限りの機会均等を心掛け取り組み、さらにはそれが誤りでないか、十分に検討することである。怨親平等とは、たとえそれが憎い仇であろうと許すことではないかと考えるが、現実はそのように単純ではあるまい。しかしながら仏教社会では、絶対的な境地として、崇高な理念として存在する。そこで大切なことは、悪を許すことは可能であるが、悪を絶対に認めてはならないということである。怨親平等の理念を振りかざすのであれば、なおのこと悪を認めることがあってはならない。世の中何が正常で何が異常なのか、その判断を如何にすべきか、やはりそこに真理という意味合いを考えることが必要なのではないか。社会においてこれこそ真理であると、認識されている考え行動等、又人として他人と較《くら》べて遜色《そんしょく》なく、むしろ誇って良いような生き様こそが、真理を具象化《ぐしょうか》し、会得《えとく》する手段としては最適であろうか。真理とは社会で一般的に認められている思考、尊ばれている事柄、例えば忠孝、礼節、仁愛、信義等々、これらは人間社会が、円満に運営されるべく、古来西洋における、キリスト、マホメット等、東洋では釈迦、孔子、孟子等が説くところの、思想のことであろう。それらの思想を社会基盤にして、生きようと願うことも又、宗教人としての理想になるのであろうか。異常とは上記の考え方に反する事柄なのか、必ずしもそうではあるまいが、正常と思われる思想のもとに暮らすことが、本来の目的である幸福の追《つい》求《きゅう》に無難であろうし、且つ社会人としての誇りを得られるものと期待されるところである。異常なもの、可笑しいものとみられるものは、時々世の中にも、又自らの心の中にも現れるものである。それを一度見極めたなら徹頭徹尾《てっとうてつび》排除する努力をすべきである。少しでも残すことはさけるべきだ。何故《なぜ》なら心は、人は異常に馴《な》れやすいからである。一度馴れると異常に麻痺し、異常が異常でなくなる場合がある。それこそそれを徹底的に除くべきで、そこに不幸を招く一因があるのであろうから、気をつけねばなるまい。回向するということは、故人の冥福を祈ることだが、故人を偲び安らぎを願うことでもある。ではどうすれば安らぎが得られるのか、どうすれば成仏できるのか、そのために如何に祈るべきか、如何に行動すべきなのかが問題である。安寧《あんねい》を得ること、個人も社会も同じことであるが、故人の安寧を望むのであれば、まず回向者自身が安寧でなければならない。故人が生前何を望んで生きていたのか、何を喜び何に悲しんだのかを知り、それに従うような生き方をすることが、真の回向に繋がるのではないか。

仏性

仏性とは仏になり得る性のことで、生きとし生ける者、全てに仏性が具わっているとされている。この仏性を磨くということが肝心《かんじん》なことで、石を磨いて宝石となすように、仏性を磨きに磨きぬいて、人格形成のよすがとするのである。そこに過去数千年にわたり、仏家があこがれ望んできた境遇があるのではないだろうか。逆に人にも悪性が存在する、これも積み重ねていけば、悪魔ともなり得るのである。悪魔では人としての幸福は得られまい。人生悪魔の道か、仏の道かと、常に岐路に立たされていると自覚し、精進すべきなのである。仏性とは仏となる性なのであるから、究極《きゅうきょく》磨きぬいた時に現れるものは、如何《いか》なるものなのか、それは一人として同じ顔がないように千差万別であろうが、言えることは全人類を背負って行けるような、天才が出現する可能性も又、否定出来ない事実なのではないだろうか。

無明

物の道理に暗いこと、道理とは一つの道を指すのだが、やはり広く大衆に認知されたものでなくてはならない。故に視野を大きく広げ、幾筋もの道を見い出し、研鑽する努力を続けたいものである。それには心を閉ざしてはならず、心を開き精神を開放する道を選ぶことも必要になる。足元が暗ければ転びやすいし、怪我もしやすい。そのためには灯《あか》りが必要になる。その灯りを持たないこと、持てないことを無明と言うのである。人が生きていく上において、一つの大きな生活の智慧と言ってよいのであろう。

覚醒

眼をさますことだが、迷いをさます意味もある。迷いを打破し自身を取り戻すこと、間違った考えは断固排除しなければならない。心が眠っている状態で良く周《まわ》りのものが見えてこない、そこから脱出することで視野を広げ、新たな道筋を見つけることである。心は眠りを欲するものなのか、そう考えて常に目をさまそう、さまそうと努力することで、その努力が迷いを払い、新しい道の発見を容易にするのである。これも人生にとって有意義《ゆういぎ》な所作《しょさ》の一つであろう。

公共性

人は一人では生きることが出来ない、家族があり、社会があって始めて個《こ》が活かされるのである。故に公共性を重んじることを心に刻むべきだ。古来社会は変動し、為《い》政者《せいしゃ》も時代の要請《ようせい》により変わってきたが、根本は国家が成立するためには、国民が必要であり、一人、一人の力は弱いのだが、その団結力により国を支え社会を維持し、発展させる原動力になるのである。

協調性

他人と協調することも重要になる。一人では生きてゆけないのであるから、同胞は勿論、思想の違う者、利害の反する者との、人種、宗教、国境を超えての交流が大事になる。社会も多様化し、交通、通信も発達した現在、なおさら協調性を重んじ、他者との交流を深めることが大切だ。

因縁

因果応報因《いんがおうほういん》は原因となるもの、果《か》はその結果のことで、自己の行《おこな》いはその報いとして、責任をとらなければならない。人が行動すれば、そこに何らかの波紋が生じる。それにより他は何らかの影響を受け、当然その結果に差異がでてくるわけだから、その報いを受けることになる。因とは物事の原因で、縁《えん》とは果に影響を与える何らかの事象のことで、それにより結果が生じる。縁により結果が異なることもあり得るのでる。善因善果悪因悪果善行《ぜんいんぜんかあくいんあっか》には益が生じ、悪行にはその報いとしての罰が与えられてしかるべしである。仏教では全ての事象が、因縁因果の法則により、成り立っていると考えられているのであるから、その報いとしての果が注視されることになる。それを後利益もしくは罰と考えているのである。故に後利益とは他に欲するものではなく、自ら種を撒き、良き結果が得られるような行動をし、良き実りを請い願うようなものである。そこに仏教としての、宗教としての面目躍如《めんもくやくじょ》たるものがあるのではないか。そこにより良い意義を見い出すのも大切ではないか。又人生には幸不幸がある、不幸なのは悪因縁の結果ではないかと、考える趣《おもむき》がある、それが正しいかどうかはともかく、その悪因縁を消去《しょうきょ》していく方法を見つけることである。悪因縁を上回る善果を生じさせることである。善果を一つ積んで悪果を一つ帳消しにする。これを繰り返すことにより、悪果を消滅させることである。人の一生は幸福なのか不幸なのか、悲劇に遭遇《そうぐう》すれば不幸だと思い、歓喜に触れると幸福だと思う、それが運命だと達観するのも一法であろう。それを仏教では因縁と称《しょう》しているが、だがそれでは何とあじけないことなのか。運、不運、幸、不幸の概念から、逃れることが出来ないのであろうか。否そう思うこと自体《じたい》が、不幸なことである。現在の境遇《きょうぐう》に甘んじることなく、現状を打破する努力こそが尊いのであり、自己の運命を切り開くものだけでなく、広く社会の変革《へんかく》につながり、延《ひ》いては文化の向上に寄与するぐらいの、度量を持ちたいものである。一生は一歩一歩、歩んでいくものだが、例えば今日の一歩と明日の一歩を形を変えてみるか、あるいは反転してみるか、それぞれ工夫してみるのも良いことだと思われる。

業

業《ごう》とは普通は悪果を生じさせるものとされている。勿論、善業もあるがこの際問題になるまい。仏教では業を身業、口業、意業の三つに分けている。身業《しんごう》とは身体で犯す罪〈殺生、偸盗、邪淫〉、口業《くごう》とは言葉で犯す罪〈妄語、両舌、悪口、綺語〉、意業とは〈貪、瞋、痴〉いわゆる悪感情のことである。身業、口業の場合はともすると、法を犯すことにつながりやすいので、注意を要するのであるが、意業の場合、心に悪意を抱《いだ》いても、心に閉じ込め、生きるのに支障をきたすことは少ないので、あまり問題にしないのである。しかし感情というものは、うっ積するもので、これを業と考えるなら、悪果がどんどん蓄積されていく危険性があり、生きていく上に、非常な困難を伴うことになるのではないか。悪意を抱くことは悪口につながることであるし、他の感情にも移行しやすいのである。故に人間生活の根本の精神として、もっと重視すべきである。それどころか、全ての業の因《もと》が意業にあると言っても、決して過言ではあるまい。心を清めるということ、それが意業を相殺《そうさい》する条件としては最適であろう。勿論意業を増やしてはならないことは必須《ひっす》である。心を清めるということは、各自工夫する以外にはないであろうが、言えることは想像してみて心に安らぎを覚えること、清々《すがすが》しい気分になること、安心立命の境地に至れることであろうか。それはかなり難しいことかも知れないが、成し遂げた者のみが体験できる喜びであろうし、悟りを得ようとする者にとっては、大いなる利点であり、社会に寄与する事柄《ことがら》として期待されるところである。

四苦八苦

生老病死《しょうろうびょうし》これは人間が背負《せお》わなければならない宿命といえよう。よって生きていく限り、逃《のが》れることの出来ない苦しみなのだ。それだからこそ釈尊がその命題《めいだい》に取り組み、創始《そうし》されたのが仏教なのである。生老病死を超えた世界、究極の境地がそれであるが、所詮《しょせん》凡夫、簡単に到達出来るものではない。しかしながら信じて修行に励むことはできるのである。そこが仏教は永遠に廃れることはないであろうと、言われる所以《ゆえん》である。因《よ》って信、信じるということも、人に信じさせる生き方をするということも、人間生活に取り欠くべからざる要素になるのではないか。但《ただ》しそれを悪用し、人を貶《おとし》める輩《やから》が多いようであるから、充分《じゅうぶん》注意する必要があろう。人に信じさせる、とは如何《いか》なることとか、あの人の言うことなら信じられる理解出来ると、多数の人が思うようになること、その姿を見て嘘《うそ》ではないと、思われるようになることが大切である。そのような生き方こそが、釈尊が仏家に最も望む、生き方ではないだろうか。それと物事を悟るということはあくまで一面にすぎない。透察力を深めること、広げていくこと、精神力を高められること。それこそが最大にして最高の利点なのではないだろうか。それ故現代人はもとより、未来においても、多いに尊重されてしかるべきではないか。温暖化をはじめとする、現在地球が直面している諸問題を考えるに、出来得れば多くの人類に考察《こうさつ》して頂き、それらの理解力と考察力を磨いて欲しいこと、そのための社会貢献《こうけん》が必要であること等、出来るだけ多くの人達に知って頂《いただ》きたいものである。現在数多く残されているところの伝記、あるいは伝承の類《たぐ》い、又各教団に記《しる》されてる口伝《くでん》法話等に知られる通り、その時代における社会問題に真摯《しんし》に取り組み、大衆救済に貢献した名僧知識は、振り返れば数限りなく存在する。我々凡夫そこまでいかずとも、一人一人出来る範囲において、可能な限り取り組みたいものである。四《し》苦《く》とは〈生老病死〉八苦《はっく》は四苦に〈愛別離苦、怨憎会苦、求不得苦、五蘊盛苦〉を加えたもので、苦しみを認識し、受動し、苦しみから逃れる方法を知り、それを乗り越えてこそ、真理に触れることが出来るとされている。

生

この世に生《せい》を設《もう》けることが即ち、苦しみの原因を作り出すことでもあるからで、その一つとされるが、人間としてこの世に誕生することは、悟りを得られるための宝器が出現することでもあり、まことに目出度きことなのである。

老

人間生きることは年を重ねることに他ならない。それは必ず苦しみに遭遇することでもある。年を重ねれば重ねるほど、その回数も増えることになる。苦しみに負ければ死ななければならないのであるから、長生きしたければ、絶対に克服すべき問題なのだ。

病

これも老と同じく長寿であればあるほど、病にかかる危険も増すことになる。人は健康であれば、勿論いうことはないが、時として病魔《びょうま》に犯され、事故に遭い、天災、人災に遭遇することもあり得るので、常にその心構えが肝要である。

死

これも又必然的に訪《おとず》れるもので、避けることは出来ないのであるから、若者はいざ知らず、只漫然《まんぜん》と生き、日々を無為《むい》に過ごすことのないようにしたいものである。生きるということは人に看視され、何かの対象にされていると自覚すべきである。因って人の生死の参考になるか、あるいは蔑視《べっし》の対象になるのか。周囲の人々、家族に対する影響等、又死後における自身の評価、子孫に残す遺産等々、死に際まで志向《しこう》し、行動することも重要なことと考えてみたいものである。常にその覚悟で生きてこその生きがいであり、死にがいではないだろうか。個人として生前どのように考え、どのような生き方してきたかを、広く知らしむることは、人を評価、判断する上において、格好の材料になることは、論ずるまでもなかろう。

愛別離苦《あいべつりく》

愛するものとの別れ、これも又必ず経験しなければならない、試練の一つであろう。家族、友人、知人との別れ、これも人が生き成長していく過程において、必ず起こるものだからである。その苦痛を乗り越えてこそ、人は前進出来るからだ。

怨憎会苦《おんぞうえぐ》

世の中には好むものばかりが存在するのではない、嫌いなもの好まざるものも、消化吸収しなければならないこと、厳しい生存競争の社会、故にある敵、ライバルとの葛藤《かっとう》等、現代社会だからこそ、起こり得る社会悪であるが、これも生き抜く術《すべ》として、解決しなければならない問題であろう。この世には思いもよらない怨み、憎しみを受けることも多々あるであろう。それらにも出会わなければならないのである。

求不得苦《ぐふとくふ》

現代社会は欲望の象徴なのであろうか。求めても、求めても満たすことが出来ない苦しみのことで、物心ともに欲するものが得られないと、欲求不満に陥《おちい》り、愚《おろ》かな考え、愚かな行動に走りがちになる。よく戒《いまし》めなければならない。人間欲これも古来より、種々《しゅじゅ》取り沙汰されてきた問題であるが、時としては世を震撼《しんかん》させるものから、歴史を動かすようなものまであるが、欲というものは時には人を助けるもので、何故ならそれが社会の文化発展に、多大な効験をしてきたことも事実なのだ。それ故に人間には正しい理性と、良く統率された智性がもとめられるのではないか。

五蘊盛苦《ごうんじょうく》

五蘊《ごうん》とは精神と物質の世界を司《つかさ》どる五つの要素〈色、受、相、行、識〉のことで〈色《しき》〉とは物質のこと、変化し壊《こわ》れるもの、形のあるもので、普通の物体が在るべきところになく、なきべきところにあれば、生活に、修行に支障をきたすものだからである〈受《じゅ》〉とは感覚器官のことで、〈視、聴、臭、味、触〉の五つの感覚であり、これらに働きかけて成道《じょうどう》を妨《さまた》げようとするもののこと。〈想《そう》〉想念、思うこと、考えることで、対象を心に思い浮かべることにより、必ず阻害《そがい》しようとする心が働くものである。邪念、悪念らがそれで、それを打ち払うことにより、悟りに近づけることになる。〈行《ぎょう》〉諸事を行ずること、行ずることにより、潜在《せんざい》能力に働きかけてくるものであり、これも成道を妨げようとする、心の表《あらわ》れである。〈識《しき》〉物事見分けること、感覚器官を通して認識する心の働きで、真贋正邪《しんがんせいじゃ》を見極める能力のことで、これも仏法においては重要な要素である。

四諦《したい》

四諦とは〈苦、集、滅、道〉の四つの真理のことである。

苦諦《くたい》

人の一生は苦しみに満ちていると認識することで、誰でも自分の思い道理に生きられれば満足するものだが、他人と協調しなければ生きられない、それが現実である。そこでその苦しみを如何にして、喜びに変えていくことができるのかが問題なのだ。

集諦《しゅうたい》

その苦しみの原因が何であるのかを知ることである。例えば身体の不調の場合もあるだろうし、精神的なもの、社会的な不平等観、人生生《い》き抜くための障壁《しょうへき》等、数多くあろうが、苦しみの原因が解《わか》れば、解決も不可能ではない。

滅諦《めったい》

原因が解れば苦を取り除く方法も発見できるということになる。それが因果の理法として当然のことかも知れない。原因が明《あき》らかならともかく、原因究明のため真摯に取り組み、苦しみを滅することである。その方法は必ず存在するはずである。

道諦《どうたい》

その方法を発見出来たなら、それこそ脇目もふらずその道を邁進すべきだ。それ故にこそ苦しみを取り除くことが出来、人生の目標に向かって、大きく前進出来ようというものだ。その道のことを道諦と言うのである。

八正道《はっしょうどう》

八正道〈正見、正思惟、正語、正業、正命、正精進、正念、正定〉とは八種の正しい道、道程のことで、この道を正しく歩んでこそ、悟りに近づくことが出来るとされているものである。

正見《しょうけん》

物事を正しく見なければならないことで、視力の面もあるが、大事なことは心の眼《まなこ》で見ることに尽きる。物を写す鏡は常に磨かれていなければならない。磨かれていれば物を歪《ゆが》んで見ることはあるまい。因って常に磨いていれば、道を見誤ることも、違《たが》えることもないであろう。心を磨くということは、心を美しく、清らかさを保つようにすることである。それと足《た》るを知ることで、我慢強くなることも必要かと思われる。他から見て尊敬に価《あたい》するような人格を作り上げること、これも又重要な道理であろう。

正思惟《しょうしゆうい》

思惟《しゆうい》とは考えること、そこで何を考えるかが問題である。進歩するためには行動力も無論大切だが、その前に想像が必要であるし、そのための思惟でなければならない。正しく思惟するということは、歴史を紐解《ひもと》いて見れば解《わか》ると思うが、先駆者《せんくしゃ》の事績《せき》を探り、社会の道理を知り、未来の欲求《よっきゅう》を図《はか》ること。以上のことを考え、物事に執《と》らわれずに思惟することである。

正語《しょうご》

正しい言葉とは、その言葉により人が何を感じ、どんな判断をするようになるのか、社会への影響は如何《いかが》かを考慮《こうりょ》して言葉を選ぶべきで、決してその時の感情により発言すべきではないのだが、人間愚《おろ》かなもので、一時的《いちじてき》な感情に支配されやすいものなので、工夫が必要になる。又その会話により、相手の感情を害するか、喜ばせるか、悲しませるかとか、初対面か友人か、はたまた不特定多数の場合もあろうし、相手の理解力にも左右されるのだが、千金の重みがあると評《ひょう》されるように、社会におけるその言葉の意味を良く把握《はあく》し、その重要性を認識すべきである。

正業《しょうごう》

業とは身口意の三つの行為《こうい》の結果のことで、業の項《こう》で触れたので重複は避けるが、十悪行〈殺生、偸盗、邪淫、妄語、両舌、悪口、綺語、貪、瞋、痴〉を徹底的に排除し、反対の十善行に徹することである。

正命《しょうみょう》

正命とは仏法で言うところの正しい生活を送り、法を護《まも》り法に基づいて生きていくことで、建て前上出家は乞食をして自活し、在家は在家としてあくまでも本分を護り、社会の一員としての自覚と、宗教家としての規律を持って生きていくことである。

正精進《しょうしょうじん》

精進とは仏の道を励み、極めんと努力することであるが、あくまでも道に添ったものでなければならない。一心に努力精進しても、それが道に外れたものであるならば、水泡に帰《き》すだけでなく、邪道、外道となり、社会に汚点を残すのみならず、人生に影を落とすことに外《ほか》ならないからである。故に邪《よこしま》なものは排除し、正しい道を知って歩むべきである。

正念《しょうねん》

正しい念《おも》いとは如何なるものなのか、何が正しく何が誤りなのか、常日頃から見極めておく必要がある。絶対に正しいとは言えないが、正しい念いとは万人共通の理念でなければならない。それ故一部例外があったとしても、社会が平和に推移《すいい》し、万人が平穏無事な社会生活を、営んでいけることなのではないか。

正定《しょうじょう》

禅定のことである。これは仏教を代表する修行法であり、一つの大きな叡智《えいち》を獲得する手段として、社会に認知されている題目である。正しい禅定とは何なのか、その判断は禅家に委《ゆだ》ねるが、あくまでも道に添い、心に平安を得られるような、禅定であって欲しいものである。

六波羅蜜《ろくはらみつ》

仏教には波羅蜜《はらみつ》という言葉があるが、現実の世界、此岸《しがん》から、理想の世界とされる涅槃たる彼岸《ひがん》に至らんがために、身体、精神に何度も刻み込み、熟達、完成せしめることと理解される。通常は六波羅蜜〈布施、持戒、忍辱、精進、禅定、智慧〉とされるが、智慧波羅蜜《ちえはらみつ》を四つ〈方便、願、力、智〉に分けて十波羅蜜と称することもある。

布施

布施とは施すこと、捨家に対する施しのことである。此の世において最も大切なもの、大事なものとされる金品、財物を惜しむことなく喜捨《きしゃ》すること、それは神仏が我々衆生に施す法施《ほうせ》に対する返礼の意味もあるが、財物は人にとっては多い方が良いもので、それを惜しむことなく捨てること、言わば欲を捨てることになる。世の中財故に目が眩《くら》み、他を誹《そし》り、物を盗み、排撃し、業を積み増すような結果を招くようになりがちなので、布施行により己の醜《みにく》い心を除き、もっと欲しい、もっと得たいの欲得、貪欲の類《たぐ》い、物を惜しむ執着心、煩悩心を、磨く術《すべ》として存在するのである。

持戒

持戒波羅蜜《じかいはらみつ》とは戒律を尊守すること、戒律とは宗教人〈出家、在家を問わず〉として守らなければならない生活規律、並びに業を犯しやすい心の動きを、見つめ正すことであり、広くは社会の秩序維持に効験し、自己の心身向上の所産として、大事に育てることで、持戒の持とは己が心に固く誓った不文律《ふぶんりつ》のことで、戒とは法に定められたものと言える。故に終生《しゅうせい》変わらない処世訓《しょせいくん》として、堅持《けんじ》することが望ましい。

忍辱《にんにく》

忍辱とは耐え忍ぶこと、人は千差万別、一人として同じ心を持つものも、同じ顔もないのである。社会での役割《やくわり》も、存在観も期待観も異なるし、物事が思い通りにいかなければ摩擦《まさつ》も生じる。当然忍耐が必要になる。ただ我慢《がまん》すればよいのか、そこに忍辱修行の価値が生まれる。〈むさぼり、憂い、飢渇、愛着、怠け、おそれ、疑い、剛情、名利、驕慢〉これらを釈尊が見事に調伏《ちょうぶく》、悪魔を撃退し悟りを開かれたと仏典にあるが、仏教の仏の教えの、一つ生き方であると捉《とら》えるべきで、百年の大計も夢ではない時代である。人生も文化も文明も積み重ねて発展するものとすれば、多種多様《たしゅたよう》な生き様もあってしかるべし、それくらいの自負心《じふしん》を持って、修行に励みたいものである。

精進

一生懸命励み取り組み、修行に専心し、波羅蜜の境地にまで高めること、波羅蜜とは極め尽くした状態と言えようが、それが精進波羅蜜と言える。物事に熱中しようとすればするほど、反対の意識が生じる。その心に付け込んで攪乱《かくらん》しようとする。仏教ではそれを悪魔と認定しているのであるが、その悪魔を打ち払い撃退《げきたい》してこそ、本当の修行と言える。その修法《しゅうほう》を間断《かんだん》なく持続させることが重要で、あたかも鍛冶屋《かじや》が打ち物を鍛えるが如く鍛錬《たんれん》するのである。

禅定

精神を統一し身を安全な場所に置き、瞑想に耽《ふけ》ること。これが禅の定義であろうが。心の持ち方、深めていく法は、それぞれ流派により異なると思うが、仏教の一大眼目であるから、各人創意工夫努力を重ね、波羅蜜行まで高めたいものである。

方便

人々を教え導く手段として設けられているが、時として嘘《うそ》も方便《ほうべん》などと、その利便性を逆用し、己の利益のために悪用することが出てくる。これは詐欺につながり法を破壊するものであるから、あくまで真実は真実として、方便門とは一線を画す必要があろう。

願

願《がん》をかけるとよく言われるが、願というのは神仏に願うことである。何を願うのか、個人の幸福か世の中の安寧か、いずれにしても正邪の判断、誤りなきように願いたいもので、とかく人は自己中心に物を考え、判断し結論を出しやすいものである。自己中心の思考を神仏が受け入れようか。そんな短絡的ものでは永続するはずもなく、滅びるしかあるまい。真の願いとは、正邪の判断とは、それが波羅蜜行というものではないだろうか。大いに一考すべき課題である。

力

これは一般的には力《りき》と読むのであるが、問題を解決するには力《ちから》も必要になる。腕力、財力、権力であろうが、精神力も重要ではないか。それについては後述するが、残念ながら人間社会も動物社会と同様、力ずくで解決したがる面があるが、やはり宗教においては、精神力を重んじ、社会を安寧に導きたいものである。

知

理解すること、これも物事を知るためには重要である。物の本質を知り深く認識すること、そこから派生した智慧こそが、問題解決に一番役立つ力になるのではないか。理解、認識、想像そして正邪の判断など。俗に文殊の智慧と言われるように、諸事に精通した智慧こそが、最も尊ばれるのではないか。

五戒文

仏教者が信仰を貫くために、守らねばならない戒律のことで、戒は積極的に戒《いまし》めを守っていこうとする心の意志で、律とは定められた法則のことである。

不殺生《ふさっしょう》

人が生きていくためには食を摂らねばならない。それは当然生き物を殺害しなければならないことになる。殺生を禁じることを厳密《げんみつ》に考えれば、食生活が成り立たず生きられない。故に無意味な戒律と思われるが、殺生をしなければならないという事実を踏まえて、生命の尊厳《そんげん》を尊び、生きていくために必要な事以外の殺生は慎み、生命を大事にせねばならないという戒のことである。

不偸盗《ふちゅうとう》

世の中に物品が氾濫している世界である。欲望を刺激し満足せしめるための情報に満ち溢《あふ》れている。そのための犯罪が後を立たないのが現状と言える。勿論犯罪など論外であるが、諺《ことわざ》に〈腹八分目に医者いらず〉〈過ぎたるは及ばざるが如し〉とあるように、物品を有効に活用し、物の価値観を大事にすること等、貪《むさぼ》りを戒める倫理観も必要になる。

不邪淫《ふじゃいん》

人間は欲望の動物である。しかしながら欲望の赴《おもむ》くままに行動すれば、社会秩序が崩壊《ほうかい》する。本能のまま生きんとすれば獣と同じである。人間としての誇りとプライドを維持するためには、是非とも必要な戒律である。

不妄語《ふもうご》

不妄語とは口による業を犯してはならないという戒めのことである。〈妄語、両舌、悪口、綺語〉の四種ある。〈妄語〉人を騙《だま》す、偽《いつわ》りの言葉、虚偽虚妄《きょぎきょもう》の類《たぐ》いである。〈両舌〉いわゆる二枚舌のことで、両方の人に対して嘘を言い、争いのもとになる離《り》間策《かんさく》を講《こう》ずること。

悪口《あっく》

人の悪口《わるぐち》を言う、人を貶《おとし》める蔑《さげす》みの行為で、犯罪を誘発《ゆうはつ》しやすい言動となる。〈綺語〉綺麗《きれい》ごと、飾りたてた言葉で、人を迷わすことで、これらは悟りにとっては、非常な障害となるので、充分に注意し、言葉を選び発言するべきであろう。

不飲酒《ふいんしゅ》

酒は往々にして人を狂わすとされている。これは理性を失わせ、判断力を鈍らせるからであろう。最近は文化も向上し、お酒も廉価で購入できるので、さほど問題にならないが、仏教が発足《ほっそく》したのは、二千五百年前のインドである。その頃の社会は経済力も弱く、酒も高価であったが故の戒律であるから、必ずしも同列に論ずる必要はあるまいが、酒は百薬の長ともいわれる、その効能も考慮して自制すべきなのであろう。

三善根

〈涅槃とは貪《どん》、瞋《じん》、痴《ち》の猛煙を吹き消す境にとくと示さる〉とあるように、三毒（貪欲、瞋恚、愚痴）ともいわれ、真理を得るための根幹をなす、仏教哲学といえよう。人には仏性がある、仏性とは善根のことで、善根を積み重ねることにより、善因善果が生じる。これこそが仏教者の求めるものでなくてなんであろう。仏性とは宝に等しいもので、その宝を磨いて磨き抜くことにより、仏性が燦然《さんぜん》と輝き、仏に至ることが出来るとされている。

貪欲《どんよく》

貪《どん》とは貪《むさぼ》り、際限《さいげん》なく物を欲しがることで、人間欲には限りがなく、欲望はふくらむばかりで、とどまることがない。欲とは一つ叶うと、次の願いも叶えたくなる。正当な努力によって達成されたものならいざ知らず、邪な思惑により得られたものは

〈悪銭身に付かず〉のたとえ通りで、身を汚すもとになるだけである。

瞋恚《しんに》

瞋《しん》とは瞋《いか》りのことで、どのような理不尽に対しても、怒《いか》りの心を起こさなければ、まさに聖人君子として、崇められるのは当然かも知れない。だがそれが犯罪に類することになると問題は別であろう。犯罪に対して怒りを持たなければ、犯罪を認めたことと等しくなる。それは社会の一員として許されることではない。犯罪は法による罰則がしかるべしだが、それ以外は忍辱修行の対象として捉えるべきで、社会に警鐘《けいしょう》を鳴らすのが至当《しとう》であろう。それでも犯罪を撲滅《ぼくめつ》するには、怒らなければならない。忍辱とは単に耐え忍ぶばかりではない、怒りを昇華《しょうか》することで、昇華することにより、怒りを己の血と肉にするのである。それが忍辱修行としての価値を高め、人格形成上、重要な基盤になるのである。同時に高い見地から事を見通し、判断する度量も養われるのではないか。

愚痴《ぐち》

愚《おろ》かとは一般的な概念《がいねん》から見て、劣った考えといえる。生きていく上において、最も根本的な哲理を知らずに、苦労を呼び込むことになるばかりでなく、幸運を逃がし、最大の目的でもある、幸福をも遠ざけることになる。故に愚かな思考、言動は卑しむべきものであり、仏子としては絶対に排除しなければならず、もし排除できなければ悟りなど〈夢の又夢〉に終わってしまうことを、よく肝に命じるべきだ。

四無量（慈悲喜捨）

慈無量《じむりょう》

慈とは人を慈《いつく》しむこと、無量とは計り知れない程多いことで、慈しみの心を無限に持ち続けることになる。慈悲、慈愛の精神を常に持って、人に接することは勿論、仏子にとっては最善の生き方であろうし、この精神に因って広く周囲や社会を導き育てることも、多いに推奨《すいしょう》すべきことである。

悲無量《ひむりょう》

悲しむとは己自身、悲しむことではない。辛いこと悲しいことは多々あろうが、それはさておき、人の不幸を見て嘆き悲しむ心を、無量に起こしたいということで、勿論不幸を取り除く行為も必要である。人は一人では生きていけぬ動物だ、この慈悲の心が社会に充満してこそ、平和に寄与することになる。仏子の本懐として拝受すべきであり、人々に無限の安楽を施すものとして、是非とも会得したいものである。

喜無量《きむりょう》

喜無量心《きむりょうしん》とは喜ぶこと。人の幸福を喜び、人の不幸を悲しむ、それが慈悲心の根本であり、他に幸いをもたらし、共に喜ぼうとする心も、崇高な精神として尊ばれ、称賛されてしかるべしであるし、共に喜びを分かち合おうとする心も、信頼関係を維持発展させる手段としては、最適なのではないか。

捨無量《しゃむりょう》

捨とは捨てること、財物を捨てることとは寄進《きしん》することである。欲しい、惜しいの物欲、物に対する愛着心、執着心を取り除かんとするのには、絶好の手段なのかも知れない。又執われを捨て去ること、これも必須のようである。執着心を取り除くことが出来たなら、人生数倍楽しくなるのかも知れない。又捨てるとは誇り、自尊心をも捨てることになるかも知れない。それはあくまで人格を磨く行為としての喜捨であり、自尊心を失うことではない。無量心とは無限に維持し、保ち続けることであり、計《はか》り知れない程の度量を育《はぐく》み、育《そだ》てることになるのである。

四摂法（常楽我浄）

常《じょう》

常とは変異なきこと、一定の状態を保ち続けることである。道を歩《あゆ》むということは、常に障害と向き合うことになる。そして突き当り、壁を乗り越え、得られたものを、永久に保ち続けることである、というより真理を会得すれば、その状態を保持出来るようになると、解釈すべきであろう。

楽

〈道を求めることは、苦しいことである。求めざるは、さらに苦しみ多いと知るべし〉
道を求めていけば、数多くの困難に遭遇する。決して楽ということはないが、その苦しみを克服してこそ、楽《たの》しみが湧き上がり、困難を凌駕《りょうが》制圧してこそ、真の歓喜が得られるのではないか。又苦しみの中に密《ひそ》やかな、楽しみを見い出すことでもある。

我《が》

我とは己自身のことだが、単に我が強いだけでは、一人よがりの手前勝手に成りがちである。そこに必要なのは柔軟性であろうか。風に柳の如く、どんな強風にも立ち向かい耐え抜く、その自身と強さが必要になってくる。自己本位にならず、他人本位に思考判断することにより、視野も広がり、新しい道を望見することも、容易になるのではないか。

浄《じょう》

浄とは清《きよ》いこと、やはり人は清らかさを望むのではないか。清らかとは清々《すがすが》しいことで、社会の安寧には絶対必要だと思われる。生まれたときは皆、浄いはずだが、年を増すごとに社会の垢に染まり、汚れてきてしまう。心の奥底には醜い心、あくどい心が住みついている。それらは特に悪意を抱かなくとも、自然と住みつくようなので、常に浄化していく心構えが必要である。

四障（闡提、外道、声聞、縁覚）

決して悟りを得ることが出来ないものとして、四種の障害が存在する。これらは一度踏み入ってしまうと、悟りは無論のこと、人生に影を落とすことになるので、十二分に注意したいものである。

闡提《せんだい》

仏教では生きとし生ける者、全ての者に仏性が備わっているとされているが、まれに仏性を欠いた者、失くした者がいる。これを闡提《せんだい》と称しているのだが、良き根を絶たれた者〈断然根《だんぜんこん》〉とも言い、仏教では最も忌み嫌っており、絶対に陥《おちい》ってはならないものである。

外道《げどう》

仏教者以外の者は論外であるが、仏子においては、道を踏み外した者、道を歩めないもの、道を示されながら歩もうとしない者が、あてはまるので、これも闡提同様、極悪非道な者とされている。

声聞《しょうもん》

声聞とは道を歩もうとしないで、話や説法又は本などを熟読《じゅくどく》して、悟りを得ようと欲する者があてはまる。又もうすでに悟ったと曲解《きょっかい》している者も指すのだが、これも仏子が陥《おちい》りやすいものなので、十分に注意する必要がある。

縁覚《えんがく》

同様に道を歩もうとしないで、仏を拝み、仏縁に触れただけで悟れるものと思いこんでいて、悟ったものと勘違いしている者を指している。仏法ではあくまで道を、自らの足で歩むことが主題であり、悟りとは自らの身体に刻み込んでこそ、成就するのではないだろうか。これも陥りやすいものであるから、その怠惰《たいだ》を戒める必要があろう。

六道（地獄、餓鬼、畜生、修羅、人間、天上）

六道とは人が自ら犯した善悪の業により、赴《おもむ》く世界のことで、この六道を輪廻《りんね》しながら、生きていかねばならないのが人間社会なのである。

地獄《じごく》

火あぶり、釜ゆで、はりつけなど、人が死後受けなければならない罰則のことで、悪業を積み重ねることにより、因果の理法に従って、受けなければならない、最も苦痛な世界のことである。

餓鬼《がき》

欲しい惜しいの物欲に執われた者が落ちる世界のことで、まるで餓鬼のようだと評されるが、腹が異常に膨れていて、痩《やせ》こけているが、何時もお腹を空かしていて、ものを食べても食べても満腹になることはない状態で過ごさなければならない。

畜生《ちくしょう》

　畜生とは人間より劣る獣の世界のことで、家畜はまだましなほうで、人間にこき使われて食料にされるか、山野を彷徨《ほうこう》し、殺しあい食いあわなければならない。それが畜生の運命なのだ。以上が三地獄とされ、悪業を犯した者が、落ちて苦しまなければならない世界のことである。

修羅《しゅら》

　戦いの世界、戦わなければ生きていけない世界のことで、たとえ戦いに勝ったとしても、安寧は得られず、又次の戦いが待ち受ける、それが永遠に続くことになる。たとえ疲れても休むことも出来ない。それが修羅道ということになる。

天上《てんじょう》

　天上界は四つあり、人間界に最も近い天界〈帝釈天、梵天〉仏の世界では格は低いが、悪を最も忌み嫌い、懲《こ》らしめる力があるとされる明王〈不動明王、愛染明王〉菩薩と呼ばれ、衆生を救う力があるとされる〈観世音菩薩、普賢菩薩〉仏の世界では最上級とされ、我々が崇め奉《たてまつ》る価値があり、尊ばれている〈阿弥陀如来、大日如来〉

等が住む世界のことである。これに人間界を加えて六道になるが、六道の世界を輪廻《りんね》しながら、生死を繰り返しているのが、人間社会の現状ではなかろうかと、断言しても偽りではあるまい。

涅槃《ねはん》

涅槃とは悟りを開いた者が到達出来る、最上の境地であり、完全無欠、煩悩を断じ尽くした静寂な、安寧の世界のことで、滅することのない安心立命が得られるとされている。勿論この世界には苦はなく歓喜に満ちており、さながら極楽浄土の世界ということになる。無論それに至るには艱難辛苦、あらゆる苦しみを克服しなければならず、簡単ではないが、決して不可能とは言えないのではないか。

涅槃経《ねはんきょう》

釈尊が入滅なされた時に残された経典が涅槃経である。そこに説かれている根本主旨は、まず戒律を尊守し、厳しく己を律していくことであり、怠らず精進すべきであると記《しる》されている。言わば釈尊の遺言と言ってよいのであろう。人間社会においては、遺言は故人の生前の徳と、その人生に対する敬愛《けいあい》の印として尊重されており、法律と同等とされているのであるから、仏子としては当然敬行してしかるべしである。

八味《はちみ》（常、恒、安、精涼、不老、不死、無垢、快楽）

八味とは涅槃経に具わっている八種の妙味《みょうみ》のことで、涅槃経の信奉者に自ずと、身に具わる様になる、人徳であるとされている。

常《じょう》

常とは何時如何なる時も具わっていなければならない、常に変わることのない状態と言うことで、言わば平常心のことである。

恒《こう》

恒はつねとも言い、春夏秋冬、老若男女を問わず、永久に変わらないことで、終生《しゅうせい》保たれなければならない。

安《あん》

この涅槃経を信奉することにより、安心感が生じ、安心立命が得られるということで、言わば絶対的な安心感でなければならない。

清涼《しょうりょう》

一切清浄で、清らかさに満ち溢《あふ》れており、生きとし生ける者全てが、その恩恵に服《ふく》さぬものはなく、これも又絶対的清涼感が得られるとされている。

不老《ふろう》

不老とは老いを超えること、超えられるということになる。誰しもが老いを重ねなければならないが、老いを超えるとは、老いることが苦にならない境地に、至ることが出来るとされている。それは取りも直さず、生きがいのある人生を送るということであろう。

不死《ふし》

不死とは同じく、死の恐怖にも打ち勝つことが出来ることで、死が恐ろしくないということは、後の世に悔いを残さないような生き方をするということになるが、財物に限らずに、優《すぐ》れた遺産を遺《のこ》すことで、克服出来るのではないか。

無垢《むく》

無垢とは、一切の煩悩を廃して、汚れなき純真さを得ることが出来ることで、あらゆる悪心を超越した、清浄無垢な心境になれるということになる。

快楽《けらく》

密《ひそ》やかな楽しみというか、満ち足りた幸福感、快楽感に浸《ひた》ることが出来るとされているが、それが永久に続かなければならない、永続することが可能になる、ということである。

成道《じょうどう》

釈尊が悟りを開こうとして入定《にゅうじょう》すると、何としても成道を妨《さまた》げようとして、悪魔が出現し、釈尊の修行を邪魔《じゃま》し、悟りを阻《はば》もうとした。この時釈尊は一切動ぜず、悪魔を撃退調伏《げきたいちょうぶく》し、心の平安、即ち涅槃の境地を獲得《かくとく》したのである。それは人がある決意をした時に、その決意を揺るがせ、改めさせようとして、心の中に湧きあがる妄想〈貪り、憂い、飢渇、愛着、怠け、恐れ、疑い、剛情、名利、驕慢〉である。これは人格形成上における、心の弱点とも言うべきもので、これを見事に克服、真理を得たのである。

貪《むさぼ》り

物を貪る欲しい、惜しい、これは物欲の権化《ごんげ》であろうか。これを自制しなければ、間違いを犯しやすいのが人間であろう〈欲張りは身を亡ぼすもとと知るべし〉。

憂《うれ》い

憂い事とは、悲しい事、心配事、辛い事、苦しい事か。とかく人は自分中心に物を考えるから、起こる現象かも知れないが、是非とも克服したい問題である。

飢渇《きかつ》

飢えと渇きのことで、現実は古代社会と違い、世の中豊かになり、食料不足になることは滅多《めった》にないから、直面することは稀《まれ》かも知れないが、精神修養のために行う、断食から想像するほかないのかも知れない。

愛着《あいちゃく》

愛すること、物に執着《しゅうちゃく》すること、人や物を愛すること、欲しがることは自然の感情だと思うが、これが度を超すと妄愛、溺愛、偏愛になり、嫌悪感の対象になるだけだし、あまり物に執着しすぎるのも、異常というべきであろう。

怠《なま》け

怠け心、これも人間生きていくためには、収入が必要なので、これも当然心の中より排除しなければならないものの一つといえる。怠け者では収入の面でもさることながら、悟りなど〈夢、まぼろし〉に終わってしまうことは、必定であろう。

恐《おそ》れ

物事を恐れること、恐怖感を抱くこと、仕事か社会か対人関係か、いずれにしても事に立ち向かう勇気を養い、事に対する不安感を一掃することも大事であろう。

疑《うたが》い

まこと真実に対しては疑いを持つなかれ、少しでも疑いがあれば、物事の正否は見極め難いものになる。逆説的には、世の中多いに疑うべしである。疑うことにより事の正否、物の真贋《しんがん》の判断をすることになるからである。この判断力も極めて重要な要素である。絶対の判断力があれば、その判断力を信じ、その結果の判定を信じることが出来る。疑いが晴れたなら、素直に信じることも大切なことであろう。

剛情《ごうじょう》

頑《かたく》なで意地っ張りのことで、頑固一徹ではならない。一点だけを見るのではなく、視野を三百六十度回転させて、物を見る度量が必要であろうし、柔軟な発想こそが、世の中望見するのにふさわしいということで、そこに広くて深い透察力が、養成されるのではないか。

名利《みょうり》

名利とは名誉、名聞、利得のことで、人は特に名誉を重んじる生き者なのかも知れないが、それに執われると、足を引っ張られるおそれが生じる。世上の評価など気にせず、得た利得をも放棄する、それくらいの信念と気概が、必要なのかも知れない。

驕慢《きょうまん》

驕り昂《たか》ぶることで、自尊心も勿論大事なのだが、昂《こう》じて驕りになると反作用になり、自滅に向かうことになる。又思い上りが奢侈《しゃし》を生み、高慢となる。これが悟りを得るには、如何《いか》ばかりかの障害となるか、論を待たないであろう。以上が功名成しとげたときに、心の隙に忍び寄る、悪魔の手先と考えられる。これを駆逐《くちく》してこそ本物といえよう。

六根《ろっこん》（眼、耳、鼻、舌、身、意）

六根清浄《ろっこんしょうじょう》と称えながら、山野を歩き回る修行者がいる。それが山伏という修行僧なのだが、歩き回りながら六根を浄めていく行法《ぎょうほう》で、古来より親しまれている修行の一つであろう。文字通り感覚器官の汚れを、払い、浄めて清浄心を会得せんがためのもので、それも意義あるものであろう。巡礼行、もしくは札所めぐりなども無論、山岳修行に準ずる行為として、尊《とうと》んで良いと思われる。その場合心の持ち方、定め方により、結果が異なることもあり得るので、十分注意すべきであろう。六根を浄める行とは、精神を研ぎ澄まし、気を深め、集中力を高める行為に通じるので、この行も後退することはあるまい。

五時の教判

釈尊が悟りを開かれてより、衆生に御説きになられた説法の内容を、五つの時期に分けて検証したもので、教相判釈《きょうそうはんじゃく》と言う。

華厳時《けごんじ》

釈尊が悟りを開かれた時の、そのままの心証《しんしょう》と言えるもので、悟りの内容そのものを、表《あらわ》したものと考えられ、深遠《しんえん》であり、崇高《すうこう》なため、極めて難解なものになってしまったようである。

阿含時《あごんじ》

華厳時は非常に難解であったために、理解出来るものが少なかったと思われる。因って易《やさ》しく解かり易《やす》く説かれたのが阿含時なのであろう。俗に言う小乗の教えである。

方等時《ほうとうじ》

方等とはいわゆる大乗の教典で、その時々の相手や場所に因って変えていくというもので、小乗教典とは好対照をなすものと思われる。

般若時《はんにゃじ》

般若経に代表される、空《くう》の思想を説かれたもので、存在の否定、即ち執われを捨てることで、悟りに近づくことが出来るとされている。空を知るということは仏教における―大願目と言えるもので、その代表的なものが般若経であろう。

法華時《ほっけじ》

法華経は仏の悟りに、近づくことが出来る教典とされているが。一乗経とも言われ、仏教を実践していく上において、欠かすことが出来ない教典として尊ばれている。涅槃経はお釈迦様がご入滅の時に説かれたもので、釈尊亡き後の教団のあり方、信徒の心構えを記しており、前記した通りお釈迦様の遺言として、仏教徒は尊ぶべきなのではないだろうか。

御法善神《ごほうぜんしん》

御法善神とは正しい仏法を護《まも》るために存在し、我々仏子が正しい行法を務めることにより、守護して下さる神様の事で、御法善神《ごほうぜんしん》と呼んでいる。一般的にみると例えば、四天王〈持国天、増長天、広目天、多聞天〉と言い、東西南北の四方を守護しておられる神々や、薬師如来に属して、その行者を守護する十二神将などがある。又天の恵みに通ずる天霊系御法善神として〈八大弁財尊天《はちだいべざいそんてん》〉がおり、地の護りに通じ行者を守護する、地霊系御法善神として〈笠法稲荷大明神《かさのりいなりだいみょうじん》〉天地を繋ぎ中庸《ちゅうよう》な働きをなさる

〈清龍大権現《せいりょうだいごんげん》〉などがある。

躯遣呵責《くけんかしゃく》

躯遣とは道を誤った者に対する意見のこと、いわゆる耳の痛い忠告。言いにくいこともはっきり言わねばならない。呵責とは叱り責めることである。道を求めて誤りなく歩める者など皆無《かいむ》であろう。道に迷うこともあり、時には挫折することも珍しくあるまい。その時にこそ躯遣呵責の有難みが身に沁みるのではないか。大般《だいはつ》涅槃経長寿品に〈戒を波し、正法を壊する者有るを見ば、即ち躯遣呵責拳処すべし、もし善比丘壊法の者を見て置きて、躯遣呵責拳処せずば当に知るべし、是の人仏法中の仇なり〉とあるように、釈尊はその怠慢《たいまん》を、厳しく戒めておられるのである。

小欲知足《しょうよくちそく》

この世界は欲望に満ち溢《あふ》れている。各自欲望のままに行動すれば、たちまち社会は破綻してしまう。そこで足るを知ること、腹八分を知らねばならない。既得《きとく》のものに満足することも大切なことだが、譲り合い、謙譲《けんじょう》の精神も必要になる。天災などの被害、もしくは赤十字などによる救済措置以外の施しなどは、現に戒めるべきで、いたずらに支配欲、優越感を刺激するだけであり、得策ではないと思われる。

天禍招福《てんかしょうふく》

禍《わざわ》いを転じて福となす、苦難を克服、昇華《しょうか》し自分の力にすることで、たとえ災難に遭っても、嘆き悲しむのではなく、厄災《やくさい》に遭っても、それを乗り越える姿勢こそ、次なる福を招き寄せる力があるということである。

諸行無常《しょぎょうむじょう》

諸行《しょぎょう》とはこの社会に起こり得る、様々な事象のことで、無常とは生きとし生ける者はもとより、この世に存在するものは常住ではなく、栄枯盛衰《えいこせいすい》んなるものは必ず亡び、同じものが存在する事はなく、生まれ変わり又亡び、消滅流転《しょうめつるてん》することになる。故に諸行に執われてはならず、諸事に冷静《れいせい》に対処すべく、日頃よりの鍛錬が必要であろう。

抜苦代受《ばっくだいじゅ》

抜苦とは人の苦しみを抜くこと、柔《やわ》らげることで、代受とは変わって受けることだが、傷病と同じように、消炎鎮痛《しょうえんちんつう》効果のあるものを、見つけることが肝要である。本来は精神的苦痛を変わって受けること、それが抜苦代受の本質であろう。この世は苦しみで満ちている、その苦しみを如何《いか》にして、喜びの世に変えていくことが出来るか、その工夫が大事なのだ。

温故知新《おんこちしん》

古きを知りて新しきを知る、過去を熟知《じゅくち》し、縦横《じゅうおう》に見定めること、それ故いつの時代でも先駆者《せんくしゃ》は、尊ばれる所以《ゆえん》であろうが、そこから新しきを知り創造すること、人生を切り開いて行くこと、それこそが温故知新の本来の意義であろう。良く理解することは、把握《はあく》することでもある。一朝ことなすには、欠くべからざる要素であろう。

眼光紙背《がんこうしはい》

眼光と眼の力、事の真相を見分けること、透察《とうさつ》力のことで、本質を見抜くことが重要だからである。本質を見極めることが出来たなら、何事によらず好結果を得られる可能性も、高くなるであろうし、理解力も増すはずである。紙背《しはい》とは紙の裏のことで、文章の裏面、すなわち文に含まれているところの、言外《げんがい》の深層を探り当てることにより、一段と深い理解と精通《せいつう》が得られるからである。

破邪顕正《はじゃけんせい》

誤った考え、誤った理屈は正されなければならない。邪《よこしま》は排除し、悪は打ち破らなければならない。それが道を求めるものの見識で、まして悟りを目ざすのであれば当然であろう。いたずらに正義感を振りかざすのではなく、社会の一員としての義務感として捉えるべきである。

品行方正《ひんこうほうせい》

品行とは人として踏み行う道、道徳の事、正しい道か正しからざる道であるか。それを正しく判断出来ることも大事なことになる。古代より連綿と受け継がれてきた理知と、現在の社会情勢を照らして、結論付けるのである。常にその判断力に狂いなきように、律していくことであり、正しいか正しからずかを、更生《こうせい》することでもある。

沈思黙考《ちんしもっこう》

沈思とは深く思いめぐらすこと、考え込むことで、それにより得られた智慧を珍重すべきなのだ。より深く、より広く考えに考えぬくことで、、そこに想像性〈創造性〉が広がっていくのである。沈思黙考を率先して、身に付けるようにすることも必要だ。

小欲大欲《しょうよくだいよく》

欲にも色々ある、自分事の欲か、自己満足か、少し広げて友人縁者が得られる益か、自己が属する社会か、いずれにしても欲とは、社会の原動力にもなり、反面破壊の一因にもなり得るのである。大欲とは自己を超越《ちょうえつ》したものであり、広く社会に役立ち、大衆の支持を得られるのが望ましいことである。

一期一会《いちごいちえ》

一期《いちご》とは一つの期間のことであり、それに出会うこと、つまり生涯《しょうがい》に一度出会えるか、出会えないかの機縁に巡り会えたのは、真に幸運であると思い、感謝し精進に邁進《まいしん》することが大切なことで、それに出会った時の機微《きび》を生涯持続けることが大切になる。

只管打座《しかんたざ》

只管《しかん》とはただひたすら座《すわ》ること、打座《たざ》とは座禅のことであるから、ただひとすじに座禅に励むことで、称揚《しょうよう》すべきなのはその意気込みで、その行法自体には目に触れるもの、得られるものは少ないかも知れないが、たとえばその座禅により得られるのかも知れない、触れられるのかも知れない深淵《しんえん》に、ひたすら挑む姿に、人は感動するのではないか。

不撓不屈《ふとうふくつ》

どんな困難にであっても、くじけず、怖じけず、恐れず、ただひたすら前進することといえようか。勿論この精神こそが、道を切り開く原動力になることは、必定であろうし、次なる前進力を生み出すことも明らかであろう。

切磋琢磨《せっさたくま》

切磋《せっさ》とは石、骨、角などを刻み磨くことで、琢磨《たくま》とはそれらを摺り磨いて玉《ぎょく》にすることである。故に学問、技芸に打ち込み、励んでやまないことであり、仲間同士の助け合い精神も重要であろう。

志操堅固《しそうけんご》

志操とは志《こころざし》のこと、護るべき操《みさお》のことで、堅固とはあくまで堅く律すること、自己に根ざした信念を、頑固なほどに貫くことであり、そこに志操の純粋さが保たれ、より一層強固になり、志が芽吹くものと期待したい。

清廉潔白《せいれんけっぱく》

清廉《せいれん》とは心が清く私利私欲《しりしよく》のないこと、潔白《けっぱく》とは純粋純白《じゅんすいじゅんぱく》であり、後ろ暗いところの全くない者をいう。心が清ければ人格向上につながり、私欲のなさは、後ろ暗きところのない者と同様に、他人に安心感を与えること必定であろう。

臥《が》薪《しん》嘗《しょう》胆《たん》

臥《が》薪《しん》とは中国より由来したもので、薪《まき》の中に身を臥《ふ》して身体を苦しめ、嘗胆《しょうたん》とは、苦い肝《きも》をなめて、志を忘れまいとした故事《こじ》から来たものである。長い間苦心苦労を重ね、それを転じて成功を期するために艱難辛苦《かんなんしんく》に耐えることをいう。

明《めい》鏡《きょう》止《し》水《すい》

曇りのない鏡、少しの汚れもなく澄み切っている鏡のことで、静かな水動かざる水のように、全く邪念を取り去り、一点の曇りもなく、澄み切った心境ということになる。それが仏教の真理を会得するのに欠かせないもの、登竜門《とりゅうもん》としての、一つの定型と言って良いのかも知れない。

質実剛健《しつじつごうけん》

質実《しつじつ》とは全く飾り気がなく、生真面目《きまじめ》な実体そのものであり、剛健《ごうけん》とは強くしっかりしていることなので、この気風《きふう》は広く、社会において信頼と尊敬に価するものとして、尊重されているものと思われる。無論仏教においても然りであり、それよりも欠かせないものと言って良いのかもしれない。

唯我独尊《ゆいがどくそん》

釈尊がお悟りを開かれた直後に、〈天上天下唯我独尊〉と述べられたお言葉であるが、天の上、天の下つまりはこの世の全てということで、その中で我一人、唯一人最も尊いものであると、宣言したのである。それだけの自身に裏打ちされたものであり、悟りをめざすものは、もっと自信と誇りをもって精進すべきなのだ。

罪障消滅《さいしょうしょうめつ》

この世は苦に満ちている、この苦難な世の中を生きていくためには、さらに罪を重ねなければならない。それが釈尊の論理であり、その罪障を消滅させる方法を発見したのも釈尊である。これは未来永劫、語り継がれるものとして、尊ぶべきであろう。

安心立命《あんしんりつめい》

安心とは心配不安が全くなく、心安らかなことで、立命とは天命〈天の啓示〉を全うし、天命とは人が曲げてはならないものであるから、人が到達出来得る絶対的な境地ということになる。要するにこの境地を会得せんがために、人は難行苦行に挑み、人知れず苦労を重ねることになるのである。

智徳兼備《ちとくけんび》

智とは修行に勤《いそ》しむことにより、会得された智慧のこと〈文殊の智慧〉とも言うが、その優れた智慧により、社会を自己の人生を、より良い方向に変えていくことで、徳とはその智慧より生み出された言動により、様々な恩恵を他に施すことで、それが人徳であり、智徳兼備とは、この智慧と徳を兼ね備えた者をいう。

水平思考《すいへいしこう》

ある問題の解決に当たり、通常の問題思考の枠を離れること。普通はこれを垂直思考と言うが、一定の角度から物を見るのではなく、自由な角度で、上下、左右、裏、表など、あらゆる方向から事を見、論じ検討することである。そこに新発見の鍵があるのではないか。

栄枯盛衰《えいこせいすい》

愛読する平家物語の序に、次のような記述がある。〈祇園精舎の鐘の声、諸行無常の響きあり。沙羅双樹の花の色、盛者必衰の理をあらわす。奢れる人も久しからず、ただ春の夜の夢のごとし。猛き者も遂にはほろびぬ、ひとえに風の前の塵に同じ〉まさしくこの言葉の意味を端的に表している名文であろう。

泰然自若《たいぜんじじゃく》

泰然《たいぜん》とは落ち着いていて、物事に動ずる気配のないことで、大事に直面しても、普段と全く変わらない姿でいられること、これも又事に遭遇した時の心構えとしては、最適なのかも知れない。何時《いつ》も平常心を保っていけることが大事なようである。

人跡未踏《じんせきみとう》

人が一度も足を踏み入れたことがないことで、未《いま》だ解明されていない未知の世界のことである。この未知の領域を如何に進むのか、広げていくのか、科学技術の分野に限らずとも、大いに創意工夫が肝要である。悟りの世界においても又然りで、人それぞれ顔も違えば、心も異なる、同じではない。人の数ほど心も存在するのである。それ故にこそ一人一人が、道を切り開いていく、自覚と覚悟が必要だ。

深層心理《しんそうしんり》

人の感覚器官は五種ある、それに意識の世界を加えて六識と称している。この六識の世界を超えたもの、七識、八識の世界が存在するのである。通常の意識の世界の奥深いところ、深層とはこの世界のことで、これはあくまで想像であるが、仏教における悟りの世界も、その一端なのではないだろうか。

天衣無縫《てんいむほう》

俗に〈天の羽衣〉と言うが天人、天女の着る衣服には縫い目がないところから、如何にも自然のままで、技巧を凝らした跡がなく、美しさが完美《かんび》されていることの形容であり、その人柄は〈天真爛漫〉にして心に偽りがなく、飾り気もなく、心に思うさまが言動に表れ、無邪気なことである。

虚心坦懐《きょしんたんかい》

心を虚《むな》しくして遜《へりくだ》るさま、心にわだかまりがなく、先入観も持たず、素直な心、安らかな心を持ち続けて事に臨むことで、大事に当たっては、先の〈泰然自若〉と同様、あるいは双璧《そうへき》かもしれないが、十分に心したいものである。

真相究明《しんそうきゅうめい》

正しいこと正しからざること、これを如何に見分けるのか、どうしたら判断出来るのか。そんなところにも悟りの一端《いったん》をかいまみることが出来るのではないか。真相とは正しい姿、ありのままの姿のことであり、世の中見た目はともかく、如何に真実が曲げられ、歪められているのか計り知れないのではないか。よくよく胆力《たんりょく》を磨き、正しい智慧の眼を持ち、世の善悪を見極めることも大事なことになる。

晴耕雨読《せいこううどく》

晴れたら耕し雨の時には書を読む、まことに簡明《かんめい》であるが、現実は私自身、農業の経験は持たないが、実際は天候次第なのだが、自然に寄り添った生き方と言って良いのであろうか。同義語として〈行住坐臥〉〈只管打坐〉〈切磋琢磨〉などあるが、要は如何にして集中力を高められるかにかかっている。修行に没頭できるかであろう。

脚下照顧《きゃっかしょうこ》

脚下《きゃっか》とは足元で、照顧《しょうこ》とは照らして見る。つまりは足元に注意せよ、事の原因を外に求めるのではなく、自己の内に求めよとの教訓《きょうくん》である。常に内省し過《あやま》たずに道を歩もうと、努力を重ねること。それが正しい真理を会得する条件でもあろう。

斎戒沐浴《さいかいもくよく》

斎《さい》とは心の不浄を清めるという意味、戒《かい》は身の過《あやま》ち、不浄を戒《いまし》めることで、沐浴《もくよく》は洗い流すこと。身体の汚れは単なる水浴で、洗い流すことが出来るが、心の汚れは水浴だけでは、難しいと思われる。如何にしたら心の汚れを取り除けるのかが問題になる。

融通無碍《ゆうずうむげ》

融通《ゆうずう》が利く、融通が利かないとはあくまで、自己中心的なものの考えなのかも知れないが、融通を利かせるということも、臨機応変《りんきおうへん》に事を処理することと同様、社会にとっては必要な、対処法なのかも知れない。無碍とは一定の考え方に執われることなく、どんな事態にも対応出来ることで、まさしくどんな難関にも自由自在に対処できる能力といえよう。

開眼供養《かいげんくよう》

開眼《かいげん》とは眼を開くこと、仏像に眼を入れて、入魂《にゅうこん》することで、仏家が仏像を安置《あんち》礼拝せんがために行う、儀式の事を言い、この開眼供養により、入仏開眼《にゅうぶつかいげん》がなされたことになる。ここで問題は仏像に眼を付けただけの開眼ではなく。一仏入魂《いちぶつにゅうこん》、御《み》仏《ほとけ》に魂《たましい》を宿してこその開眼であろう。

霊魂不滅《れいこんふめつ》

霊魂《れいこん》とは人の魂のことである。人の魂は滅するのか、否高級な魂こそ滅することはないのではないか。何故ならより高級な魂ほど、人々の記憶に残り、心に宿り、礼拝の対象として存在するからである。故に高級な魂こそ、霊魂不滅《れいこんふめつ》の法則に合致するのである。

人間性

人間性とは、人間らしく生きること、ということになるが、喜怒哀楽《きどあいらく》感情を表にださないことか、好々爺《こうこうや》として生きることか、そうではあるまい。今一度人間社会が創設《そうせつ》された経緯を考え、想像して見ると、人間性豊かな者が集《つど》い、グループになり、さらに部族社会を作り上げ、国へと発展したのではないか。となると人間性イコール、リーダーシップということになるが、それはそれで素直に頷《うなず》けることではないことかも知れないが。まず思い浮かぶのは、信頼性ということか、他人に信頼されること、これは絶対的な条件であろう。次は感情に左右されず、常に沈着冷静《ちんちゃくれいせい》であること。さらには感性豊かであり、視野が広いこと。こう考えて見るとやはり、共通点が多いようである。人間性豊かに暮らすこと、そのような生き方を目指すことが大事なのかも知れない。

精神力

生物の世界は弱肉強食の世界であるから、大概《たいがい》強い者が勝ち残ることになる。金力、財力、腕力など、これらは社会の習慣として、認められている力故、此処《ここ》では省くが、宗教として育《はぐく》まれるのに最適なのが、精神力といえるようだ。世の栄誉は力になびく風潮《ふうちょう》がある。それならば力を付けることも必要になる。因って我々が力を付けるためには、精神力を磨き上げ強くすることが、今の世を生き抜いていく手段としては、最良なのではないだろうか。精神とは心の働きだが、その心の働きにより、他に変化が生じる。人を変えることもあり、また新発見もあり得るし、創作も然りである。人間が地球を支配出来たのも、この偉大な精神力の賜物《たまもの》と言っても、過言ではあるまい。この精神力を高めていくという発想を、もっと広く宣伝していかなければなるまい。

集中力

物事の一点を見つめ、一つに集《あつ》め凝縮《ぎょうしゅく》し、掘り下げていく。これは心の作用の根本的な働きと言える。この作業を繰返し、繰り返し反復することにより、集中力を高めていくことが出来、新しい視点で物を見ることが可能になる。もっと掘り下げることにより、深淵《しんえん》を覗《のぞ》くことも出来るのではないか。言わば集中力を高めることにより、全く別の世界が広がるのかもしれない。

忍耐力

耐え忍ぶということ、苦しみ乗り越える力のことである。自分の思い通りにならないのが浮世の常、壁に突き当たれば避け、思い通りにならなければ捨て去る。それでは敗退にこそなれ、到底《とうてい》進歩向上など、おぼつかないことになる。壁、障害に突き当たって退《しりぞ》けば、敗残者の烙印《らくいん》を押されるだけである。こういう時こそ忍耐力を養うときであろう。ただ単に我慢するだけではない。忍耐力をバネに次なる飛翔《ひしょう》の原動力とすること、それが忍耐力と言える。

判断力

物事の白黒、善悪を判断することも重要な力であろう。個の損得は別にしても、公的においては如何《いかが》か、その微妙な違いが認識出来るか。直面する判断を間違《まちが》えれば、連鎖的に狂うこともあり得る。正しい判断力を養うことも、絶対に必要であろう。正否を判断することは至難と言えるが、その計り知れない影響を無視することは出来ない。

想像力

一般的には夢想ということになるのであろうか。現実にあり得ないことを想い浮かべるのは、空想と言ってよいが、現実に無いものを想い浮かべるのは、想像であろう。美術、芸術の分野においては、極めて重要な要素であろうし、文化、文明の面においても、歴史の進展に欠かすことが出来ない力であろう。

透察力

物を見透《みす》かす力、真実を見抜く力のことで、物事を観察するのに、表面だけをみて判断出来るものではない。裏面からとか側面とか、あらゆる方向から観察すれば、違った形も見えようし、物の良し悪し、事の善悪を知るためにも透察力が要《かなめ》であろう。透察力を磨くことにより、真贋《しんがん》を見分ける力も付き、生活上有利となるのも必定で、ましてや科学技術の分野においては、必要不可欠な要素であろうし、事の正否を分ける重大な力であろう。

創造力

物事を想像するだけでなく、新しく創ることが創造である。まして今日、日進月歩《にっしんげっぽ》の科学技術には必須であろうし、資本主義の世の中を生き抜いて行くためにも、創造力は磨いておかねばなるまい。この創造力を駆使《くし》し、努力、精進を続ければ、新しい世界が見え、開け、広がっていくことが、期待出来るのではないか。

理知力

理性とは感覚に左右されず、思慮的に考え行動する能力といえようか。人間と動物を区別するものとされている、自然的な啓示に対しての認識能力、いわゆる感性であろうか。人間性に溢《あふ》れている者、それが理性的と言えるのかもしれない。智性とは智的な頭脳の働き、言わば考える力のこと。この智性の力により、人は文明を生み、文化を発展させ、今日に至っているのではないだろうか。言わば豊かな感性に彩《いろど》られた、理性と智性の力こそ、人間社会の未来を切り開く鍵、もしくは大きな希望として、存在するのではないだろうか。

精神力について述べてみましたが、この精神の力こそ、人間に与えられた特権だと思われる。故に是が非でも、人類進歩の原動力となるように、有効に使いたいものである。

以上、真如の道と題して、愚見を述べてみましたが、要は一つの考え方であり、一つの生き方であると思われます。しかしそこに秘められているものは、無限に近い可能性があるのではないかと、信じるが故に披露《ひろう》してみました。何卒御賢慮の程を。

著者プロフィール

平岡 玖明（ひらおか きゅうめい）

昭和二十年、終戦の二ヶ月前、東京中野にて出生。
親戚の仏教寺の縁により、群馬の館林に疎開。
そこでの幼年期での体験で、後年の思想の基が築かれたのではないかと思われる。

真如の道

2022年7月15日　初版第1刷発行

著　者　平岡 玖明
発行者　瓜谷 綱延
発行所　株式会社文芸社
〒160-0022　東京都新宿区新宿1－10－1
電話　03-5369-3060（代表）
03-5369-2299（販売）

印　刷　株式会社文芸社
製本所　株式会社MOTOMURA

ISBN978-4-286-23872-2